Aaron KAZAD MANYONG

Ta Mission est Ma Mission

Aaron KAZAD MANYONG

Ta Mission est Ma Mission

Ton pays est mon pays

Éditions Croix du Salut

Imprint
Any brand names and product names mentioned in this book are subject to trademark, brand or patent protection and are trademarks or registered trademarks of their respective holders. The use of brand names, product names, common names, trade names, product descriptions etc. even without a particular marking in this work is in no way to be construed to mean that such names may be regarded as unrestricted in respect of trademark and brand protection legislation and could thus be used by anyone.

Cover image: www.ingimage.com

Publisher:
Éditions Croix du Salut
is a trademark of
Dodo Books Indian Ocean Ltd. and OmniScriptum S.R.L publishing group

120 High Road, East Finchley, London, N2 9ED, United Kingdom
Str. Armeneasca 28/1, office 1, Chisinau MD-2012, Republic of Moldova, Europe
Printed at: see last page
ISBN: 978-620-6-17079-2

AARON KAZAD MANYONG

TA MISSION EST MA MISSION

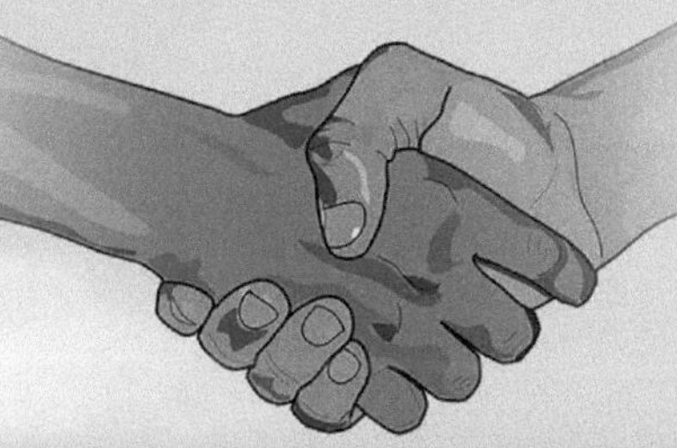

CLEVIS CLA EDITION 2024

Ta Mission Est Ma Mission

VOLUME 1

Aaron KAZAD MANYONG

PREFACE

Avec beaucoup d'estime et de ferveur, je remercie avec fierté Aaron Kazad, l'auteur de ce manuel alléchant, pour sa vive considération à mon égard.

Ayant pris connaissance de cet œuvre avant de la préfacer, j'ai découvert que ***"Ta mission est ma mission"*** *est une pensée hors pair qui porte une âme et une vie bien justifié ; ayant comme axes Dieu, le Congo et le Congolais.*

Ce manuel porte en soi un caractère interpellateur incitant les congolais à s'unir vivement à leur Dieu pour au mieux amorcer une ère nouvelle de paix, bonheur et prospérité en la RD du Congo dans son intégralité.

Je vous convie donc chers lecteurs, à ne pas seulement y jeter un coup d'œil mais de le consommer en le lisant aisément avec passion et ardeur ; ainsi vous bénéficierez de votre part de bénédiction ou richesse qui y est enfuit.

Clevis de #cla.

Table des matières

REMERCIEMENTS

J'adresse mes vifs et sincères remerciements au Seigneur Jésus Christ notre Dieu qui nous a donné à moi et à mes compagnons de travailler sur ce bel ouvrage portant des forts messages du Seigneur pour la République Démocratique du CONGO. Je tiens à remercier intimement Simon TSHIBANG, Gracia MBIYA et Abigaël MANYONG, mes compagnons de lutte ; ils m'ont été d'une énorme utilité.

Merci à Shekina Mwema MWIMBI, Samuel KIMPINDE, Dan MPANYA et je fini en vous remerciant particulièrement vous qui partager ce livre !

TA MISSION EST MA MISSION

I. INTRODUCTION

TA MISSION EST MA MISSION.

La mission est un mandat ou une charge donnée à quelqu'un afin d'accomplir une tache définie, c'est la fonction temporaire et déterminé dont un gouvernement, un organisme charge quelqu'un ou un groupe. Ce qu'il faut savoir tout monde a une mission à accomplir sur la terre envers sa patrie, son pays et cette mission peut être particulière, soit générale.

La mission est le message central du une organisation, elle décrit succinctement la raison de son existence et donne une image claire de ce que font une organisation et le pourquoi de son existence, la mission donne un sens à l'action de tous les employés, de tout peuple pour son pays, sa patrie.

Ce manuel est un cri d'alarme que je lance pour l'éveil de la conscience patriotique du peuple congolais, ce livre est une inspiration divine portant regard sur le quotidien de la nation dans le sens de la vision commune du développement et progrès.

Un jour, je prêchais sur un thème intitule < L'amour > alors on m'avait posé une question en me disant : Pourquoi l'amour que vous nous prêchiez, nous le voyons pas dans notre nation congolaise ? À mon tour je leur avais répondu que l'amour du prochain selon ma foi veut tout simplement dire vivre à la place de l'autre mais en toi et tant que nous ne comprenons pas cela, ça sera difficile de nous voir avancer et d'amorcer le développement de notre pays.

En effet le problème avec notre nation est que la mission de l'autre n'est pas nécessairement la mission de son prochain car nous marchons en rang divisé et nous donnons aux autres le pouvoir de nous imposer leur politique et de nous dominer voilà pourquoi nous les africains en général et congolais en particulier, nous ne sommes pas comme les asiatiques, occidentaux ou même les européens. Sachez que sans l'unité ou être animer d'un même sentiment aucune nation ne peut voir le développement alors un fils m'avait dit ,il serait mieux d'écrire un livre intitulé : Ta Mission et Ma mission en se référant sur le discours du premier ministre Patrice Emery LUMUMBA , et une voie audible me dira que je serais avec toi pour écrire trois livres sur son pays qui seront accompagnés par trois chansons, c'est ainsi que moi et mes compagnons, nous avons fait la rédaction de cet ouvrage intitulé

TA MISSION EST MA MISSION

II. AU-DELA DE NOS PENSEES POUR LA RDC

Se basant sur la source de toute vie, ma dévotion est de nous amener à voir bien au-delà de nos pensées pour la RDC actuelle et celle avenir afin d'abolir ses ruines anciennes pour reconstituer nouvellement un solide fondement ; une base pour la bonne moralité.

Plusieurs concepts établies définissent chacun différemment la beauté et la grandeur de notre pays et cela dans la plus part de cas ne sont plus que des simples citations ou une simple manière de nous encourager à continuer la traversé des peines et calamités dits "Fléaux de la République Démocratique du Congo"

La RDC est définie comme un don béni de Dieu, comme un des plus grands pays en étendu, en climats et en biens des facteurs positives existentiels mais en soit on constate très bien qu'à un certain niveau, cela est bien juste convenable dans la théorie des livres et du langage courant des gouvernants et des gouvernés.

En parlant de la RDC comme beau pays on peut développer deux certains types des visions que je démontre comme suite :

- Des prairies, des mers, des savanes denses et plaines des ressources innombrables, une beauté pleine de vie et remplie des facteurs assurant une belle provision pour des milliers de générations ; une vie communautaire aisé et resplendissante, une démarche plutôt belle et très rassurante.

- Quel type de pays où on ne vit que la misère et tous ce qui est contre la nature de la création.

Ces deux types de visions nous présentent l'une après l'autre le Congo selon sa présentation normalisée par les gouvernants et les gouvernés.

TA MISSION EST MA MISSION

III. CONGO ET CONGOLAIS EN PLEURS

1. La misère, un grand fléau désastreux pour la république

Nous souffrons dans nos cœurs à chaque fois que nous apercevons que rien ne marche autour de nous ; nous sommes remplies de douleurs pour nos frères qui sont obligés de quitter le monde ; ils sont tués pour des erreurs parfois qu'ils n'ont même pas commises et même si c'était à cause d'une erreur, n'existe-t-il pas de pardon quelque part ou n'y a-t-il ne serait-ce pas même un petit fragment d'humanisme dans nos cœurs ?

Il n'y'a plus d'amour dans nos cœurs pour nos semblables ; fils d'une même nation mais ennemi au point se soumettre mutuellement aux preuves de tueries et aux séries de séquestrations précaires. Nous portons des haches avec ardeur pour trancher les têtes de nos frères ; nous marchons le long de rues avec des poisons dans nos sacs pour nous éliminer entre nous et quand on ne sait comment atteindre la personne à éliminer, on se met à proférer biens des paroles insultantes, qui sont suivies de biens d'autres formes de sabotage mais où est l'air de la fraternité ? Où sont passés les personnes qui luttaient dans le temps pour un Congo béni et uni ? Où est allée l'ardeur de l'unité nationale ? Et si nous continuons à nous détruire entre nous, qui se mettra à bâtir notre pays? Si de nos bouches nous ne faisons que maudire notre pays, où donc est la place de la bénédiction donnée que nous ne cessons de confesser dans notre hymne dite nationale ?

2. Les cris d'alarmes

- Sans instructions, ça me dérange d'entendre dire qu'il faut étudier pour réussir sa vie…
- Ça me fait fortement du mal de grandir sous les jougs de la haine dans un pays qui est dit "béni"…
- Ça me tue d'être à chaque fois sur la route entrain de courir sans savoir véritablement où je vais…
- Ça m'arrache le cœur de vivre sans savoir de quoi demain sera fait étant Congolais au Congo République Démocratique…
- Ça me détruit vivement quand je vois ma mère être maltraiter, manipuler juste parce qu'elle a un bon cœur pour aimer, aider et soutenir…
- Je suis vivement brisé quand je vois ma sœur se faire violé sous mes yeux par plus d'une personne et sans que je n'intervienne parce qu'il me manque la force et le courage de la défendre…
- Je ne sais plus croire à un meilleur avenir pendant que je vois mes frères avec des grands titres académiques mais qui ne font que des services commander par certains bourreaux asiatiques, occidentaux ; pire encore, congolais et pour ne toucher qu'une misère à la fin d'un mois…

- Chaque soir j'attends le retour de mon père à l'entrée de la parcelle et on me répète sans peser le poids de ma douleur qu'il est parti et qu'il ne reviendra plus... Il est parti et il ne reviendra plus, mais hélas !!! Que la guerre l'a emportée d'aussi tôt...

Ces cris sont ceux des fils et filles de l'est en particulier et de de la notion congolaise en général !

3. Ta mission est ma mission

Pendant que nous cherchons notre bien personnel, il y en a qui sont priver de leurs vies à cause de nous ; pendant que nous nous mettons dans des chamailleries sans tète ni queux il y en a qui y perdent leurs proches et qui pensent ne serait-ce qu'un moment à eux ?

Nous mourons la peur au ventre et de fois nous portons des vérités à dire mais comment les dire sans se faire tuer après ?? Nous tenons quasiment à notre vie au point de constater sans contester.

Quand est-ce que nous allons prendre conscience pour changer notre pays ? Avons-nous juste un petit moment pour porter qu'un seul instant notre pays dans la présence du Seigneur sans trop faire des bruits ?

Arrêtons d'avancer dans le mal, cherchons le bien et la vérité en nous disant sincèrement, ta mission est ma mission. Le mieux est de nous tendre mutuellement la main et avec fierté, écrire une radieuse histoire commune par amour de la patrie et pour l'honneur de la république toute entière.

« Avons-nous un espoir de vivre une heureuse vie paisible et aisé dans notre propre pays, la République Démocratique du Congo ?? »

4. Homme esclave ou homme libre au pays ?

Tout le monde au congo démocratique veut une meilleur vie, une vie sans misère, une vie sans souffrance, une vie sans vol ou détournement, c'est-à-dire une vie où règne la paix, la joie et l'amour mais le constat est que la situation du congolais libre n'a rien de différent de celle d'un homme en prison qui ne peut se réjouir de son enfermement. Comment –donc peuvent arriver ces choses si l'impression demeure la même depuis la nuit de temps ?

"Nous ne voulons plus rester esclave dans notre propre pays"

IV. LE CHEMIN A PARCOURIR

Avant que je ne vous fasse part du bon message du Seigneur pour la RDC notre pays, je souhaite juste vous faire quelques aperçues des problèmes auxquels nous faisons face pour que tous ensemble nous puissions nous lever et aller du bon pied pour le succès intrinsèque de la nation congolaise.

1. Nos origines

Si le Seigneur Dieu a un message à communiquer à la RDC, cela veut dire qu'il connait particulièrement la RDC mais qu'est-ce que je dis là ? Le Seigneur est le tout puissant Dieu, créateur du ciel et de la terre ; il connaît donc dans sa toute suffisance l'univers entier et bien en particulier notre tendre, cher et bon pays la République Démocratique

du Congo. Quelques parts dans les saintes écritures, il est dit : "Que pouvons-nous donc instruire à
Dieu ??"

Si le Seigneur est le créateur de l'univers et de tout son contenu mais pourquoi ne recourons-nous pas à lui pour trouver la bonne porte de sortie qui nous amènera loin des calamités qui nous accablent et pour afin jouir de la vrai liberté ?

Notre première origine dans la notion de l'existence c'est Dieu et ensuite viennent nos ancêtres. Nos aïeux ont représentés Dieu chacun selon sa compréhension et sa manière de le voir et tous en ces jours nous le découvrons par la manière qu'il utilise pour se révéler à nous.

2. La haine, source de tribalisme

Toutes nos tributs dans leurs départs sont une famille et qui au fil du temps avait subi une croissance excellente, croissance duquel découle notre république actuel.

Nos tributs forment juste un bon lien qui nous ramène à nos origines et non à une haine incessante ; nos tributs forment l'histoire du peuple que nous sommes enfin devenus en ce jour et si nous nous mettons à remonter les lignés de nos origines nous retrouverons des ancêtres communs à la source.

Nous ne devons guère laisser la haine casser notre histoire, nous ne devons pas laisser le mauvais conseil prendre le dessus au milieu de nous car nous sommes bien un peuple uni par un ancêtre commun (Dieu). Nous venons de loin ; nos pères ont soufferts le martyr, ils n'ont pas hésités à donner de leurs vies par amour de la patrie mais hélas ! Aujourd'hui nous investissons du mieux qu'on peut par pire égoïsme pour disloquer leurs efforts et au final les rendre nuls et sans vies ; est-ce la bonne manière de leurs rendre hommage ?

Chers compatriotes, comprenons juste que nos similitudes sont en grand nombre que nos différences, voyons les choses du bon côté et ne laissons pas la haine, le tribalisme, le favoritisme, l'incivisme, l'irrationalisme et toutes formes de manque d'amour et de patriotisme promouvoir au milieu de nous l'injustice sociale et humanitaire. Il est donc crucial et à ne guère ignorer de reconnaitre que le tribalisme n'est pas inné mais plutôt une construction sociale, il est le résultat des divisions des siècles et de la discrimination racial ; cependant, cela ne signifie pas que nous devons ainsi donc l'accepter comme réalité inévitable ; nous avons tout le pouvoir de briser ces cycles ou barrières définies pour enfin promouvoir l'unité et l'inclusion.

L'afflux de l'éloquence a vivement détruit le décor de la liberté et de la paix sociale dans notre pays ; il est donc grand temps que nous prenions avec considération les enjeux que court notre société si nous gardons le tribalisme au centre de toutes nos régressions.

3. Que faire donc pour lutter contre la haine et le tribalisme

Pour lutter contre le tribalisme, nous devons commencer par l'éducation ; nous devons enseigner la tolérance, le respect, la compréhension et l'intégration de différentes cultures et religions. Nous sommes appelés à aider les générations futures à rejeter les stéréotypes et les sens des préjugés qui alimentent le tribalisme.

"Nous sommes très fort dans l'unité"

4. Redéfinir "ta mission est ma mission"

Connaissons-nous notre mission en tant que nation ?

Nous posons-nous assez souvent cette question pour savoir au moins d'où nous venons et où nous sommes en train d'aller avec notre pays ?

Pour ne parler que de l'obtention de notre indépendance ; le fait de marcher chacun dans son coins, donne-t-il de la valeur à cette indépendance que nos pères ont tant convoités ? Pourquoi ne pas accepter de nous mettre fermement ensemble pour continuer à notre niveau la mission que nous avons en tant que citoyen de ce cher et beau pays qui est le nôtre.

5. La place de Dieu en RDC

Quelle place Dieu occupe-t-il au sein de notre pays la République Démocratique du Congo ?

Si Dieu est le Seigneur de l'univers, comprenons qu'il l'est aussi pour le Congo notre pays ; nous ne pouvons guère l'ignorer ou donner sa place à une autre personne. Le Congo est un don béni de Dieu, c'est le champ de Dieu et c'est la terre que le Seigneur Dieu a donné à nos ancêtres qui à leurs tours nous l'on léguer en main propre afin que nous puissions jouir des merveilles qu'il renferme en son sein et après, voir les moyens d'aider ceux qui sont dans le besoin mais aujourd'hui Dieu qui est la première valeureuse ressource ou le premier riche potentiel que la RDC a héritée de ses vieux pères n'a plus sa place au centre de sa terre et il est rejeter au loin sans personnes pour le ramener sur son trône. Certes, le Seigneur est tout puissant et il ne va pas s'attendre à une aide ou un coup de main pour faire ce qu'il veut de la terre qu'il s'est créé mais il nous a créés pour que nous ayons à lui garder sa terre et à la cultiver profondément. Le fait que le Seigneur nous a fait détenteur de cette riche terre doit nous pousser à lui être continuellement très reconnaissant et non effronté au point de chercher à le défier et à le bannir de notre quotidien ; nous lui devons en tout cas plus que nos vies ; nous lui devons notre dévouement, notre pleine soumission, même notre intégrité profonde ; cela est donc la vrai reconnaissance pratique et non celle dont nous avons entendu parler depuis des lustres.

Nous prétendons depuis des générations suivre les voies du Seigneur mais comme on peut le constater encore aujourd'hui, le Seigneur se plaint de n'être toujours pas à sa place du centre et c'est bien ainsi que nous pouvons tout faire sans voir son accompagnement et moins encore expérimenter un plein succès en ce qui concerne la nation.

6. En ce qui nous concerne l'Amour

Si Dieu est amour et si lui plaire consiste à porter cet amour dans nos cœurs nous pouvons bien constater en ces jours que c'est la haine qui a bien pris de l'ascendance sur nous et nous nous y faisons sans regret ou même sans restrictions ; nous nous mettons à traiter nos semblable comme plus inférieur à nous ; loin de l'amour, quel type de patriotisme pouvons-nous présenter ? Quel genre d'humanisme allons-nous démontrer ? Quand on ne pense qu'à soi-même, que peut nous dire la souffrance des autres ? Quand on s'élève plus haut au détriment des autres, est-ce là une preuve d'amour ? En acceptant des pots de vins ou en les déboursant, pensons-nous agir selon l'amour ou c'est juste pour nous satisfaire personnellement ?

"Avec un peu d'amour, le Congo serait le paradis sur terre"

V. LA VOIX DU PEUPLE… LE CHOIX DE DIEU POUR LA RDC

1. Ta mission est ma mission

En ce qui concerne la mission, nous sommes appelés à revoir les parcours de nos prédécesseurs, pas pour nous moquer de leurs erreurs mais pour en faire des bonnes leçons qui nous aiderai à mieux redresser l'image intégrale de la RDC et du Congolais en même temps.

La critique n'existe pas pour juste se rire des échecs des autres mais pour nous aider à mieux faire et à aller de l'avant pour donner de tout et enfin obtenir une bonne récompense qui ne profitera pas seulement à une catégorie des personnes mais qui sera donner au profit absolue de la nation Congolaise.

Le général Joseph Désiré MOBUTU lors de l'ouverture de la session parlementaire du 7 Mars 1966 a discouru en ces termes : " Je me suis présenté pour la première fois devant vous le 21 Novembre 1965, je croyais alors quand notre qualité de parlementaire et de défenseur du peuple congolais, vous alliez vous coaliser et collaboré honnêtement avec un régime qui visait qu'une seule chose qui est le bonheur des populations et que vous êtes censés représenter. Il s'est avéré nécessaire d'entamer une lutte sans merci contre la corruption et la conclusion des fonctionnaires publics et contre les détournements des derniers de l'état.

Depuis le feu MOBUTU, n'avons-nous pas eu à auditionner ces genres des discours ? Mais pourquoi donc les choses n'avancent-elles pas ?? Et plus récent encore, nous avons eu à prendre part aux discours comme "Cap pour le changement" mais j'ai bien l'impression que le changement dont on parle ne concerne que les gouvernants pendant que les gouvernés continuent à se briser la tête en voulant toujours maintenir leurs vies au taux du jour… En parlant du taux du jour, je parle du papa qui se lève chaque matin, fait sa prière pour recommander sa journée d'entre les mains de Dieu, pour sortir ensuite sans savoir comment serait sa journée et comment il pourrait gagner du pain pour lui et sa famille. Il se lève chaque matin pour aller faire son job dans un magasin des expatriés pour trouver ou obtenir une paye journalière de deux mille cinq cent franc, pendant qu'il a des enfants qui l'attendent ; madame son épouse très patiente et d'un ère très soucieuse s'attend déjà à recevoir une misère qui l'enverra à se chercher par-ci, par-là des emprunts qui ne serons évacués qu'avec d'autres emprunts inopinés.

Constatons que le Congolais vit rien que par la grâce de Dieu mais aussi par une bassine remplis des dettes qui datent vraiment et qui sont presqu'infinis ; pas parce qu'il n'a pas travailler mais parce qu'il y a quelque part des personnes qui profitent de ses efforts, de sa peine de travaille, de son énergie et même de sa dignité ; comment expliquons-nous que la personne est payé le 05 du mois mais le 10 ou le 15 du même mois, elle se pointe à des portes pour solliciter des emprunts ?

Comment pouvons-nous mettre fin à la corruption pendant que je vois d'autre se servir de mon énergie pour faire du mal au pays ? Qu'est-ce que je peux donner de plus au moment où tous m'est pris avant même que je n'aie pensé à en faire usage ??

Nous sommes fatigués de nous distraire par tant des faux discours qui nous abime la conscience et qui nous coupe tout le temps le souffle. Nous avons très peur de dénoncer le mal même à vive voix, nous mourrons dans la honte et la calamité car y a pas que le tribalisme qui cause notre ruine mais biens d'autres choses comme :

A. Qui dirige qui ?

Nous trouvons un esprit divisé fortement établi au milieu de tous ceux qui détiennent la direction du pays ; chacun veut se prendre sa propre direction et au final, nous rencontrons biens des barrières qui nous retiennent sans relâche.

"Deux chauffeurs peuvent-ils conduire un même véhicule ??" Pdt Moise KATUMBI C.

La plupart des méfaits que nous retrouvons au milieu des administrateurs du pays est le résultat de la haine, du manque d'éthique et du manque de la crainte du Seigneur et nous faisons comme si nous ne savons pas qu'on ne trouve rien que dans son amour. Comment des hommes sans amour peuvent-ils prendre la charge de toute une nation et se taper la poitrine pour en saisir vivement la direction ?

Il y a une couche multipliée des divisions dans mon pays et si nous décidons cette fois-ci de faire nos pas ensemble, ne trouverons nous pas des belles solutions pour un aménagement bien casé ?

Nous avons fort et bien besoin de nous mettre sur une même longueur d'ondes ; cela implique de refaire nos pas ensemble avec intégrité et amour ; nous ne bâtirons au mieux la RDC notre cher et beau pays que si nous sommes ensemble, pas seulement pour rester à ne rien faire plutôt dans le besoin commun de nous lever ensemble, de travailler ensemble pour redorer l'image de notre pays car ta mission qui est ma mission est de nous voir tous intervenir et contribuer vivement au redressement de notre image qui a depuis toujours été ternie par la couleur du désarroi et de la tristesse.

Si les personnes élues et placés à la tête de la nation sont eux-mêmes d'abord divisés, qui du peuple prêchera la paix à son compatriote ?

Le pays a fort besoin des bonnes personnes, des personnes remplies du souci du bon avancement et du progrès de la nation mais pas des profiteurs, des égoïstes, des tribales et des sanguinaires… Mon pays a besoin d'une direction saine ; nous ne voulons pas seulement prier un saint Dieu d'amour pendant que nous travaillons sans relâche contrairement aux valeurs qui peuvent nous procurés la sécurité, la solidarité, l'unité nationale et la cohésion sociale.

"Un dirigent sans soucis pour le bien-être de la nation est une source de détresse pour le peuple"

B. Cohésion ou division ?

Nous écoutons tous et nous faisons parfois sans méfiance confiance à cela qui viennent à chaque fois nous faire du mal. Nous nous rangeons toujours du mauvais côté et nous sommes prêts à célébré l'humain que le Dieu qui nous a créé et qui nous a placé au Congo République Démocratique. Notre premier problème n'est pas notre frère mais c'est le Dieu que nous avons oubliés par notre grand plaisir de nous conduire personnellement ; le bon Dieu réclame sa place au sein de la nation congolaise ; ensemble montrons-nous l'amour pour mieux être et mieux vivre ; tenons-nous la main et prions ensemble pour notre nation à chaque fois que rien ne marche ; ensemble bâtissions une ère de paix et travaillons continuellement ensemble pour notre grand profit.

Il est dit dans les saintes écritures que celui qui pèche est du diable car le diable pèche dès le commencement ; le mensonge est devenu une réalité ingérable dans notre pays, et le tribalisme a commencé à gagner fort le terrain que nous devions en tout cas laisser uniquement place à l'amour ; il est grand temps pour nous de bâtir ce grand pays qui est notre en accroissant vivement notre harmonie, en nous partageant notre fierté nationale.

"Ne donnons pas accès à l'ennemi"

2. Notre salut est dans l'amour

Si nous pouvons vivre un certain malheur dans notre pays, il est dû au fait que nous avons perdu l'amour que le bon Dieu à placer dans nos cœurs et non parce qu'il y a un certain diable puissant ou un inconnu autour de nous. Revêtons-nous donc de la fraternité ; arrêtons de vendre le pouvoir au diable et aux inconnus par les péchés que nous commettons en parole et en acte ; recherchons le bonheur de nos familles, de nos églises et de notre nation en restant fort uni dans le véritable amour.

Le Seigneur a plus d'une raison de nous avoir placé dans cet immense pays ; si Dieu nous aimes tous malgré nos erreurs incessantes, pourquoi donc devrons-nous nous haïr ; si nous aimons notre nation comme nous présumons, quel est donc le prix à payer pour son développement ?

L'Afrique du Sud, la Zambie, la Tanzanie ne sont-ils pas aussi des pays d'Afrique ?? Ne sont-ils pas humain comment nous le sommes aussi ?? Existons-nous juste pour voir les autres prospérés et non pas nous ?? Ne pouvons-nous pas travailler notre vision pour fixer un champ précis du développement de la RDC ??

Que toutes formes des compromis qui rendent notre pays vulnérable sois rompues afin que nous jouissions, nous et tous nos frères (la nation) d'une vie aisé, une vie remplie de bonheur, de vérité, d'intégrité et de paix, tout en favorisant l'inclusion, des places pour le dialogue constructif, la compréhension mutuelle et une vie communautaire intrinsèquement aisée.

Notre avenir est vivement menacé du fait que nous continuons à bâtir sur des anciennes ruines ; nous sacrifions sans aucun soucis l'avenir de nos fils et de nos filles ; nous pensons mieux faire en voulant promouvoir l'hégémonie de nos tributs mais nous oublions formellement que tous nous sommes de la race humaine… Nous sommes les premiers à dire des insultes sur les autres mais dites-moi franchement "Que serait le monde sans les autres ?"

En outre, nous devons promouvoir une politique inclusive et d'égalité. Il est aussi essentiel de garantir que tous les individus aient les mêmes opportunités quel que soit leurs origines, en encourageant la diversité et la valorisation de l'apport de tous ; en agissant ainsi nous arriverons à créer des sociétés plus juste et harmonieuse.

Nous devons donc enfin prendre la responsabilité de nous ligués contre notre ennemi commun, " Le Tribalisme" afin de le combattre intrinsèquement dans le quotidien de nous tous. Cela signifie, remettre en cause nos préjugés, écouter activement les perspectives différentes de ces dernières et chercher à promouvoir l'unité et à rejeter les divisions tribales quelconques.

Le tribalisme est un obstacle majeur à la paix, à la justice et au progrès mais il n'est pas insurmontable. Ensemble, nous pouvons construire un monde où chaque voix est entendue, un monde dans lequel chaque culture est célébrée aisément et sans contrainte.

Engageons-nous à combattre le tribalisme et à bâtir un avenir meilleur pour tous !

VI. ENSEMBLE POUR LE DEVELOPPEMENT DE LA RDC

La nation a besoin de vous et moi pour le déclanchement d'une ère nouvelle, de paix et de bonheur assuré ; nous avons tant attendu longtemps pour vivre ne serait-ce qu'un moindre coup de changement mais cela a duré des générations nombreuses et près même d'un siècle entier sans voir même une moindre petite lumière !

Ce manuel a été confectionné pour nous rappeler les bonnes valeurs que nous devons fortement cultiver aujourd'hui pour que nos enfants à leurs tours les transmettent à leurs enfants demain. Si nous voulons nous rassurer de l'avenir radieux de nos enfants, nous sommes donc appeler à unir nos forces à dater de ce jour pour ne pas ainsi compromettre ou vouer à l'échec l'avenir de nos enfants. Nous devons à la place de la haine nous armé d'un intense et immense amour pour nos semblables, car ce n'est pas pour rien que nous sommes fils d'une même mère, la nation congolaise à qui papa Dieu nous a confier pour notre croissance et évolution intrinsèque.

"L'identité congolaise relier à l'amour du Seigneur est une provision abondante pour le succès intrinsèque de la nation" Clevis de #cla.

Unissons nos forces et construisons ensemble, développons un Congo fort, un Congo intègre et remplie de loyauté au Seigneur notre Dieu et à l'humanisme.

On nous prêche chaque jour dans nos églises l'amour, la compassion, la miséricorde, l'intégrité et biens d'autres valeurs moraux que nous usons seulement qu'en des longues et fausses théories indécises mais si nous nous appliquons à mettre en pratique toutes ces valeurs avec beaucoup plus d'implications et de dévouement sincère, nous nous tendrons les mains sans regarder à nos couleurs et tailles et nous développerons cette nation qui est la nôtre sans contredit.

A la place des médisances et des moqueries, le mieux est de nous charger d'amour et de compassion car même la parole du Seigneur nous interpelle à nous aimer les uns et les autres sans se lasser de se soutenir et de se faire réciproquement du bien d'une manière inlassable pour au plus mieux aussi attirer la grande et merveilleuse bénédiction du Seigneur qui est appeler à nous accompagner tous les jours de notre vie et partout où l'on peut se retrouver.

Mon pays n'est pas le siège de la haine mais de l'amour réciproque et dévoué ; mon pays est la terre qui procure paix et bonheur 'parce qu'elle porte en elle celui qu'on appelle "Amour" le Seigneur incontestable, Jésus-Christ.

Il est grand temps pour nous de prendre conscience de ce que nous pouvons faire et réaliser pour embellir ce grand et riche pays qui est le nôtre ; il est temps pour nous de nous éloigner de tout ce qui peut nous faire du mal et de nous confier au Seigneur qui nous donnera toute la sagesse possible pour que nous puissions emménagés ensemble un vent nouveau pour un développement concret et certainement basé sur l'amour, la communion et le travail dans toute la modestie et la complaisance.

Ensemble, nous sommes plus fort pour un développement concret ; ensemble rien ne peut nous résister car ta mission est aussi ma mission et en tout notre mission ; ensemble nous ne pouvons pas être fragile ; ensemble nous pouvons faire partir très loin tous ceux qui cherchent par tous leurs moyens à nous détruire et à nous nuire vivement ; ensemble nous avons toutes les possibilités de bâtir un fier Congo sans corruption ou détournement ; ensemble nous pouvons rebâtir notre pays en ce qui est de son intégrité détruite et malmenée par toutes les personnes mal intentionné et qui ont pour mission de juste nous éliminer afin de mieux profiter de tous ces qui nous reviens de droit.

Toutes les guerres qui surgirons de nous ne savons pas où fuirons à chaque fois qu'elles nous trouverons ENSEMBLE ; nous ferons trembler d'effroi toutes les nations de la terre qui se liguerons contre le Congo ensemble (Congo uni).

Par ce livre je viens vous apporter une lumière que le Seigneur communique à notre pays depuis biens des générations mais que nous ne parvenons pas à comprendre et ce qui nous retient encore dans les divisions causer par la grande haine des ennemies de la RDC.

Un des pères de l'indépendance et héros national, Patrice Emery LUMUMBA tout premier ministre de notre pays a dit avec objectivité « La République Démocratique du Congo a été proclamé indépendant et notre cher pays est maintenant entre les mains de ses propres enfants. Ensemble, mes frères, mes sœurs, nous allons commencer une nouvelle lutte, une lutte plus sublime qui va donner à notre pays, la paix, la prospérité et la grandeur. Nous allons établir ensemble la justice sociale et assurer que chacun reçoive la juste rémunération de son travail. Nous allons montrer au monde ce que peut faire un homme noir quand il travaille dans la liberté et nous allons faire du Congo le centre rayonnant de l'Afrique et du monde entier. Nous allons veiller à ce que les terres de notre patrie profitent véritablement à ses enfants.

Nous allons mettre fin à l'oppression de la pensée libre et faire en sorte que tous les citoyens jouissent pleinement de liberté fondamentale prévue dans la Déclaration des droits de l'homme. Nous allons supprimer efficacement toutes discriminations quelles qu'elle soit et donner à chacun le juste et la place qu'il lui vaudra sa dignité humaine, son travail et son dévouement au pays. Non pas la paix des fusils et des baïonnettes, mais la paix de cœur et des bonnes volontés. Soyez sur que nous pouvons compter non seulement sur nos forces énormes et nos richesses immenses, mais sur l'assistance de nombreux pays étrangers donc nous acceptons la collaboration chaque fois qu'elle sera loyale et il ne cherchera pas à nous imposer une politique quelconque. Ainsi, temps à l'intérieur qu'à l'extérieur, le Congo nouveau que mon gouvernement va créer sera un pays riche, libre et prospère. Mais pour que nous arrivions sans retard à ce but, vous tous, législateurs et citoyens congolais, je vous demande de m'aider de toutes vos forces.

Je vous demande d'oublier l'écureuil tribal qui nous épuise et risque de nous faire mépriser à l'étranger. Je demande à la minorité parlementaire d'aider mon gouvernement par une opposition constructive et de rester strictement dans les voies légales et démocratiques. Je vous demande à tous de ne reculer devant aucun sacrifice pour assurer la réussite de notre grandiose entreprise. Je vous demande enfin de respecter inconditionnellement la vie et biens de nos citoyens et des étrangers établis dans notre pays, si la conduite de ses étrangers laisse à désirer, notre justice sera prompte à les expulser du territoire de la République. Si par contre leur conduite est bonne, il faut les laisser en paix, car eux aussi travaillent à la prospérité de notre pays.

Biens des personnes, ce sont mises dans une rude lutte pour que nous ayons à nous retrouver dans une liberté pas conditionnelle mais intégrale, mais voilà que certaines nations se moquent de nous parce qu'ils trouvent que nous ne sommes pas encore prêt à vivre à nos dépends non qu'il est si difficile d'agir comme eux mais parce qu'ils voient que nous sommes capable de nous faire du mal à nous-même alors que le discours de l'homme politique date depuis toujours, on se ramène qu'à la case départ de notre histoire comme un bébé qui ne veut pas grandir.

Je nous invite tous à unir nos forces en nous mettant ensemble pour lutter contre ces siècles de tribalisme, de haine, de mensonge, de trahison et de pertes en vies humaines… Ensemble apportons chacun une pierre et participons entièrement à la construction de ce grand pays qu'est la République Démocratique du Congo ; bannissons les formes de la destruction car on ne peut jamais construire et finir la construction pendant qu'on détruit en même temps qu'on construit !

Oublions tout ce qui nous a séparé jusqu'alors ; unissons-nous, soutenons-nous réciproquement pour arrêter cette hémorragie qui nous prive des êtres qui nous sont chers ; ce n'est pas un jugement que je fais mais je parle juste au nom de la vérité vu que le pays dans sa globalité a besoin de plusieurs réformes qui nous aiderons à cohabiter sans chercher à nous nuire les uns les autres ; nos fils et filles ont besoin de faire des études qui leurs servent à grand-chose, des études qui leurs permettront à réaliser leurs rêves ; les jeunes gens enthousiastes ont besoin d'accompagnement et de soutiens. Que rêvons-nous pour un Congo épanoui ?? Il est donc grand temps de quitter nos rêves et passer à l'application ; nous devons joindre nos paroles à l'acte ; ainsi donc, comprenons que la mission dite tienne et mienne est de nous voir travailler ensemble pour le rebâtissement d'une république au vrai sens du mot.

Tout le monde s'accourt au Congo pour réaliser ses propres rêves et quel est le sort du peuple Congolais en particulier ?? Si l'expatrié est beaucoup plus considéré dans mon pays que moi-même à qui appartient le pays ?, comment voudrez-vous que j'agisse pour la bonne santé nationale ??

Nous voulons jouir du bien que renferme notre terre bénie de Dieu.

"IL NOUS DIVISE POUR MIEUX NOUS ARRACHER DE CES GRANDES BENEDICTIONS QUE LE SEIGNEUR A ENFUI DANS NOTRE SOUS SOL ET EN NOUS MEME"

VII. PROPHETIE POUR LA RDC

1. Introduction

Nous portons un langage de la bénédiction mais d'une manière théorique seulement et depuis des lustres nous promenons un regard inquiet pas dans le sens à vouloir faire avancer les choses mais dans la seule et unique pensée de se dégoter une source de bon revenu pour soi-même et sa propre famille. Dans la grande marge nous constatons que chacun de nous est déconnecté de la source de la communion ; plus personne ne se donne à fond en ce qui concerne la situation de vie du congolais, plus personne ne se donne de la peine pour la nation mais en constat c'est les besoins personnels qui inquiètes tout le monde.

Pour une nation forte et puissante, nous avons besoin de mettre fin aux querelles improductives qui nous accables et qui nous causent certainement de la peine. C'est un travail à longue haleine et je ne vois aucune autre baguette magique si ce n'est celui d'enterrer notre vielle hache de guerre toujours prompt à rependre les sangs innocents pour nous revêtir de la nouvelle qui est pleine d'amour, d'unité, de fraternité, de patience, de compassion et de loyauté.

2. Parole du prophète

J'ai eu une vision où je voyais plusieurs personnes qui entouraient l'or mais dans une sorte de maison, il y avait une flamme dans la maison où se tenaient quelques personnes qui étaient en feu. Ces personnes souffraient par la force du feu mais les hommes ne s'intéressaient pas à eux car ils étaient concentrés sur l'or alors le seigneur me faisait part de l'explication ; tu vois alors cet or que les hommes entourent, c'est la richesse que j'ai mis dans le sous-sol de la RD Congo. L'intention de toutes ces personnes est de voler cette richesse mais la maison, c'est la vie des congolais. Les hommes aiment la richesse plus que leurs prochains, ils sont prêts à tout pour la richesse, ils acceptent de voir leurs prochains souffrir pour qu'eux, s'enrichissent ; ils détournent les biens censés appartenir au peuple ; ils s'en approprient sans restrictions.

Je vis encore, 5 femmes qui pleuraient ; au moment où je me suis approché d'elles, elles ont commencés à me raconter disant l'une après l'autre : « Je suis veuve ; mon mari était militaire mais lorsqu'il est décédé, il ne m'a rien légué… parfois moi et mes orphelins manquons même de quoi nous nourrir ; personne ne s'intéresse à nous.

Dans la même vision je vis encore deux arbres descendre sur terre, le premier avait beaucoup des fruits et le second n'en avait que trois. Lorsque j'ai pris un des fruits du premier arbre, je voyais un autre qui remplacer celui que j'ai cueilli ; alors je me décidais d'aller au deuxième arbre pour voir si la même chose se referait. Après avoir cueilli un des trois fruits que porté le second arbre, je remarquais qu'il y sortait des sauterelles et l'arbre ne reproduisait plus de fruits.

Je vis ensuite une personne qui était vêtu de blancs, il m'appelait par mon nom ; je regardais et je voyais qu'il y'avait beaucoup d'anges qui montaient mais l'un d'eux, rayonnait au point que je ne pouvais supporter de rester sur mes deux jambes ; je me suis agenouillé à côté de l'arbre, je pleurais et lui me dit : « Le premier arbre, c'est la bonne vie que j'ai mis dans votre pays, je vous ai donné beaucoup de richesses, j'ai mis beaucoup de choses dans votre pays, j'ai mis plus que ce que tu pourrais connaitre car tu ne connais pas tout ce qui s'y trouve. L'homme que j'ai fait a en lui une forte cupidité, de la méchanceté, la jalousie et toute forme de mal. Il préfère voler pour aider sa famille et il laisse les pauvres souffrir et pourtant qu'il tient dans son compte bancaire des millions ; dis à tout celui qui se trouve dans cette situation de se détourner de la méchanceté car j'ai entendu les cris de plusieurs personnes et leurs cris sont bien arrivée devant ma face. Le Seigneur me dit encore que le monde trouve son plaisir dans le mal ; je me détournais pour voir et je me suis retrouvé en plein désert ; dans ce désert, se trouvait une personne d'un nom que j'ignore. On m'a fait savoir qu'il a la volonté de faire avancer le Congo mais il y a certaines personnes qui l'en empêchent ; des personnes qui ne veulent pas le laisser rendre ce pays meilleur comme il le voulait. J'étais désireux de le voir prendre la direction du pays parce qu'il manifeste sa volonté mais il n'a pas d'appui ; s'il accepte de s'agenouiller devant le Seigneur, il lui montrerait les personnes qui lui prêteraient la main pour le compte du développement de la RD Congo notre pays. Ecrit cette vision, je te montrerai le temps pour la présenter, me dit le Seigneur. Amen !

"Nous n'avons pas de chance dans ce pays"

3. Conversation avec Dieu, la RDC qu'on attend

Le Seigneur : Avant, tu voulais voir le changement de ton pays ; je sais bien que c'est ton problème mais il n'y a pas que toi qui porte cette volonté ; il y en a qui veulent la même chose que toi ; comment peux-je t'aider ?

Moi : Seigneur, je voulais voir un Congo qui serait à la hauteur des grandes nations telles que les Etats Unis d'Amérique en beauté, un Congo où règne la paix et la joie, un Congo où il fait beau vivre ou l'amour va régner partout c'est-à-dire dans les églises, le gouvernement, dans les familles et dans les sociétés : un pays où le chômage va disparaitre

Le Seigneur : Oui je savais que tu voulais tout cela

Moi : Ah bon comment sais-tu cela ?

Le Seigneur : Ah bon, je suis Dieu, je connais toute chose et je sais tout ce que tu vas faire dans 2ans si tu restes dans ma volonté.

Moi : Mais si tu sais tout ce que je veux dire avant de le dire à quoi sert la prière.

Le Seigneur : Oui je sais tous, j'ai besoin que l'homme puisse s'exprimer ; c'est ça que je voulais te dire. Ton pays RDC est un pays béni mais ça ne dépasse pas tous les pays du monde ; je fais grâce à qui je veux et je donne à chaque pays une chose que l'autre n'a pas, par exemple j'ai donné à l'Afrique du Sud de l'or même si vous avez l'or mais l'Afrique du sud en a beaucoup plus que vous, je vous ai donné l'Okapi, seulement la RDC qui a cet animal ; dis-moi, quel pays au monde en a en dehors de la RDC ?

Pour te dire que tout pays béni doit mériter que les gens luttent pour lui. Tu veux voir un Congo meilleur, ce n'est pas mal, c'est bien, tout le monde a le droit de rêver comme tu dis mais le rêve peut-être un rien ;

il te suffit de croire. L'Afrique est un continent où la pauvreté règne, tout le monde n'est pas appelé à être riche mais tout le monde doit bien manger et vivre. Le Congo n'a pas des gens qui s'aiment ; plusieurs en eux n'ont rien de l'amour. Vous pourrez changer un millier de présidents, rien ne changera ; si vous voulez développer votre pays, accepter de vous changer vous-même. Aaron, tu dis que tu veux voir un Congo comme l'Amérique, ça n'arrivera jamais

Moi : Mais pourquoi ; c'est mieux ?

Le Seigneur : Tu trouveras un Congo comme le Congo car j'ai dit que tout cela était bon. Est-ce que toute chose de ma création était bonne ? Si j'ai tout créé ; alors pourquoi voudrais-tu voir un Congo comme l'Amérique ? Ça n'arrivera jamais, développer votre pays avec mon aide. Si vous voulez voir un Congo meilleur, arrêter les choses qui ne contribue pas à l'amour, si en réalité en vous il y avait le même sentiment et si vous étiez unis dans ce même sentiment, vous seriez un peuple aimer par votre créateur.

Moi : Mais c'est dur, pourquoi avais-tu choisi Israël et non pas nous ?

Le Seigneur : Avant, c'est la chose que beaucoup de nations ne comprennent pas, l'amour c'est moi que tu sois Congolais ou Israélite, je vous aime de la même manière ; c'est pour ça que je te dis que j'ai donné à un pays ce que l'autre n'a pas et je fais grâce à qui je veux ; Israël a trouvé juste la grâce mais maintenant vous êtes tous devenus un royaume de sacrificateurs, par ma mort pour vous à la croix ; c'est ainsi que j'ai donné à la RDC une grande superficie, et non au Rwanda, tu peux dire que je n'aime pas les Rwandais ?

Moi : Oui

Le Seigneur : Non, tu ne comprends juste pas ma façon d'aimer ; mon amour n'a pas de définition, de la manière que j'aime le Congo c'est ainsi que j'aime le Rwanda, je vous aime tous de la même manière et je fais grâce à qui je veux.

Moi : Seigneur, on m'a toujours dit qu'une personne ne peut jamais aimer deux personnes à la fois, mais comment peux-tu nous aimer tous, c'est-à-dire tous les pays du monde d'un amour égal ?

Le Seigneur : D'accord tu poses une question intéressante selon l'intelligence humaine mais avant, je ne suis pas un homme comme tu le penses, je suis tellement grand et ma grandeur vous échappe, vous les humains avec la science, vous dites que l'homme vient du singe alors dis-moi, depuis que tu es dans ce monde, as-tu déjà vu un animal se transformer en l'homme ?

Moi : Non

Le Seigneur : C'est pour te dire que l'intelligence de l'homme est limitée ; tu veux voir ton pays avancer, tout le monde doit être conscient de ses actes. Le développement ne commence jamais physiquement mais il commence dans l'esprit puis cela se réalise sous une forme physique, je veux te donner une explication, lorsque j'ai créé la terre et le ciel, je l'avait d'abord fait en esprit puis ça a pris la forme physique, c'est le spirituel qui crée le physique et non le physique qui crée le spirituel, n'attends jamais qu'une personne fasse quelque chose pour toi mais sois toujours prêt à faire quelque pour contribuer au développement de ton pays et du monde. Laisses-moi t'aider, le Congo est un pays béni ; celui qui reçoit beaucoup doit également le faire pour les autres ; unissez-vous, aimez votre prochain comme vous-même ; développes ton pays car ta mission doit être aussi la mission de l'autre ; je vous bénis, créez en vous l'amour, arrêtez l'hypocrisie dans le pays, la corruption et le tribalisme, accepter la vérité et faites de bons choix. Que tout le monde cherche la paix avec son prochain car moi-même je suis la paix ;

acceptez de suivre ma voix, je serai là pour vous aider ; que l'amour règne en vous ; développez le Congo.

4. Si on ne parle pas ainsi, il n'y aura point d'aurore pour le peuple

Nous sommes appelés à réveiller notre conscience en imitant le type d'objectivité et d'amour pour la nation que portaient Patrice Emery LUMUMBA et Simon KIMBANGU.

Le viol a pris son ampleur ; nos mères, nos sœurs et nos filles ne sont à l'abri de rien ; personne ne se soucie de leurs sorts, le kidnapping pour nous dans le temps n'était qu'une simple réalité des films d'Hollywood mais aujourd'hui c'est une vie en RDC… Aucune belle infrastructure ne profite au plus petit peuple, tout bien national ne profite qu'aux puissants !

"La meilleure manière de célébré sa réussite est d'y faire participer les autres" Dr. Athom's
MBUMA

5. Le grand désir et vouloir du congolais

Nous ne demandons pas beaucoup mais juste ce qui peut nous assurer une vie aisée ; nous avons besoin de manger à notre assiettée, de boire à notre soif ; nous avons besoin d'avoir accès aux soins médicaux avec facilité ; nous avons besoin d'étudier dans des bonnes conditions, de finir nos études et trouver de l'emploi avec aisance et décence pour venir ensuite en aide au notre pour le bien de la nation tout entière ; nous voulons juste vivre en paix, avoir à se déplacer avec facilité dans notre cher et beau pays ; nous avons juste besoin de vivre heureux auprès de ceux qui nous sont chair ; notre vouloir est celui de voir et contempler la splendeur Divine au moyen de la nature, de l'homme, du climat de paix et de l'amour.

“Mettons ensemble nos faiblesses et vaincrons nos efforts pour enfin vaincre nos ennemis“

6. Conclusion

Dans une ère de bonne conscience et d’amour, je parle ma main sur le Cœur à la nation entière ; aux fils et fils de la République Démocratique du CONGO notre cher et beau pays.

Acceptons de changer notre méchanceté, notre cupidité pour ensemble unir nos forces afin de garantir un avenir radieux à tous les fils et filles de la RDC notre pays. Arrêtons tout type de détournements et reconstruisons notre pays sur des bases solides de l’intégrité, et de l’honnêteté. Brisons ensemble ces siècles d’amertumes et des douleurs précaires ; partageons ensemble l’intégralité de la beauté et de la saveur de notre pays.

Les poches de fonctionnaires loyales sont toutes vides parce que les déloyaux se servent de tous sans aucune contrainte ; ce sarcasme est une preuve de manque d’amour et de nationalisme. Offrons du mieux que nous pouvons, une vie tant rêvée par les fils et filles du pays. Je me sers de cet ouvrage pour atteindre toute la classe politique de mon pays ; c’est un mal de voir des années qui passent sans qu’il n’y ait des personnes soucieuses en grand nombre pour le bien-être de la nation…

Nous discréditons et mettons fin à la vie de ceux qui nous dises la vérité pour continuer à commettre des délits sans être contraint par qui que ce soit et nous oublions largement qu’il y a un Dieu dans les cieux ; de ce fait acceptons de mettre fin à ces choses car elles nous rendent plus ignoble et plus pénible que tous. Arrêtons de promouvoir l’injustice sociale pour arriver à nos fins ; soyons debout et unis pour redresser vivement l’image absolue de notre république en nous conduisant d’une manière à ne pas laisser tomber le flambeau de la nation.

La clé du salut de notre pays est dans l'amour et l'intégrité ; chers compatriotes, chers administrateurs, ensemble retroussons nos manches et travaillons pour l'égalité, la justice, l'équité et l'excellence du pays de nos héros, de notre canna, la seule République Démocratique du Congo.

Les 11 paroles que l'on ne doit jamais oublier dans nos vies peuple congolais et africains

A. Nelson MANDELA (ancien président de l'Afrique du Sud, un long chemin de la liberté 1966)

C'est facile de tout casser et détruire, les héros sont ceux qui font la paix et qui construisent.

J'ai appris que le courage n'était pas l'absence de la peur mais le fait de la vaincre. Le courageux n'est pas celui qui ne ressent pas la peur mais celui qui domine cette dernière.

La plus grande gloire n'est pas de ne jamais tomber mais de se relever à chaque chute.

L'éducation est l'arme la plus puissante pour changer le monde.

Nous savons bien que nul d'entre nous agissant seul ne peut obtenir la réussite.

Etre libre, ce n'est pas seulement se débarrasser de ces chaines aujourd'hui c'est vivre d'une façon qui respecte et renforce la liberté des autres.

B. Patrice Emery L. (premier ministre de la RDC en 1960, discours du 30 Juin 1960)

Je vous demande à tous d'oublier les querelles tribales qui nous épuisent et risque de nous faire mépriser à l'étranger.

Nous allons montrer au monde ce que peut faire l'homme noir lorsqu'il travaille dans la liberté.

C. Amadou AHIDJO (au Cameroun, le premier Janvier 1960)

Nous savons tous qu'il n'y a pas de dignité pour ceux qui attendent tous des autres. Nous savons que cette indépendance que nous venons d'obtenir une série que leurre si nous ne pouvons l'assurer dans la réalité quotidienne. Nous sommes décidés à lui donner une existence qui ne soit pas seulement de façade. Nous serons jugés sur nos actes. Que nous lui fournissons la preuve de notre sérieux, de notre capacité à nous diriger nous-même.

D. François TOMBALBAYE (le 11 Aout 1960, Tchad)

Dans quelques minutes, notre pays aura gagné le droit de disposer de lui-même, le droit de figurer parmi le concert des nations, égale en dignité au plus grands.

E. Félix HOUPHET-BOIGNY (Cote d'Ivoire, le 7Aout 1960)

Voici arrivée pour toi, Ô mon pays, mon pays bien aimé, l'heure temps attendu où ton destin t'appartient entièrement. peuple de mon pays, laisse éclater ta joie, tu mérites cette joie. Tu as souffert plus que tout autre, en patience, longtemps. Mais ta souffrance n'a pas été vaine. Tu as lutté, mais pas inutilement, puisque la victoire, tu la connais aujourd'hui. Le besoin de dignité que tu portais en toi, le voilà enfin satisfait.

F. Ibrahim Traoré (Président du Burkina Faso)

La patrie ou la mort nous vaincrons ; nous n'avons pas peur et nous n'aurons jamais peur.

G. Hamani DIORI (Niger, le 31Aout 1960) Je veux dire ceci combien les responsable des autres Etats de l'entente (cote d'Ivoire, Dahomey, Haute-Volta et Niger) ont pu vivre ensemble ; dans le sens d'une évolution commune ; en vue d'un but aujourd'hui atteint (…) notre chance c'est de trouver en la personne du président Félix HOUHPOUET, cette noblesse de caractère, de bon sens du leader (toutes les qualités qui font du père de l'Entente, le véritable artisan de notre sure et pacifique ascension).

H. Aimé CESAIRE

Tu es toi et je suis moi, accepte-moi tel que je suis, ne cherche pas à dénaturer, mon identité et ma civilisation.

I. Kwame N'KRUMAH

Je suis africain, non pas parce que je suis né en Afrique mais parce que l'Afrique est né en moi.

J. Antoine TSHISEKEDI (Ancien président de l'UDPS RDC) Le peuple d'abord

K. Laurent Désiré KABILA (Ancien président de la RDC)

Le minerais du Congo ont aidé a construire la Belgique maintenant ils vont nous servir à construire le Congo. Ne jamais trahir le Congo

L. Mahatm Ghandi

Nul homme qui aime son pays ne peut l'aider à progresser s'il ose négliger le moindre de ses compatriotes.

M. Miza Husayn Ali Nuri

Ce n'est point aimer son pays qu'il conviendra de se glorifier, c'est d'aimer le monde tout entier car la terre est un seul pays dont tous les hommes sont les citoyens.

N. Benjamin Flanklin

Notre cause est la cause de toute l'humanité… Nous combattons pour la liberté en défendant la notre. Persuadés que l'égalité de liberté était à l'origine le lot, aller toujours de droit de naissance de tous les hommes.

O. Lajos Kossuth

Le patriotisme est la source du sacrifice, par cette seule raison qu'il ne peut compter sur aucune reconnaissance quand il fait son devoir.

P. Vivien Vivace Luc

Un bon chrétien c'est un bon patriote, car le ciel est comme un pays qu'un chrétien doit défendre, comme son pays sur la terre.

o **Synthèse**

Si une personne à l'ambition de faire avancer la RDC en particulier et l'Afrique en générale, aides-la en lui donnant la main et non à lui combattre pour des intérêts égoïstes voilà pourquoi nous devons soutenir des bonnes personnes pour développer notre pays et notre continent ; réveil toi Africain et Congolais car ta mission est aussi notre mission. Le patriotisme est le refuge du scélérat, un patriote doit toujours être prêt à défendre, pour survivre dans la paix et l'harmonie, unis et forts nous devons être un seul peuple, une seule nation et servir un seul drapeau.

Les guerres peuvent-être menées avec les armes mais elles sont gagnées par les hommes ; voilà pourquoi, nous vous affirmons si ta mission es la mission de l'autre vous allez amorcé le développement de votre pays.

“UN PAYS BENI A BESOIN DES HOMMES QUI LUTTENT POUR LUI“

Ce livre est inspiré dans le but d'interpeler le peuple en ce qui concerne le développement du pays basé sur l'amour et l'unité...

Ce pays a besoin d'hommes ayant conscience du pourquoi le bon Dieu les a placés en République Démocratique du Congo ...

"Changes pour changer le Congo"

Aaron Kazad MANYONG *DR CONGO*
kazadmanyongaaron@gmail.com

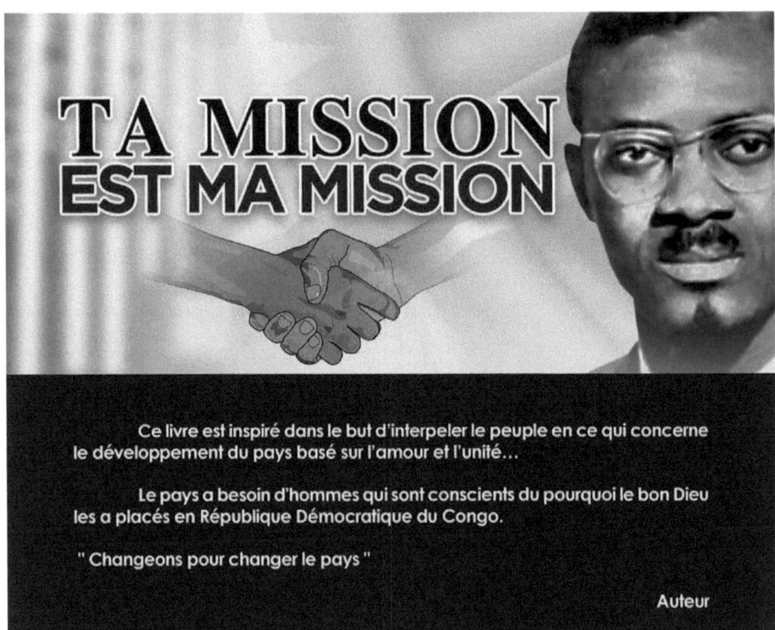

BIOGRAPHIE
Aaron KAZAD MANYONG

Licencié en gestion financière à l'université de Lubumbashi, Berger du ministère bon élève pèlerin sur la terre, Écrivain de livres et scénarios inspirés comme : Le choix de Dieu, Le chemin de la vie, Frontière qui nous sépare, L'école, Conversation avec Dieu (en 5 volumes), Le mariage...

kazadmanyongaaron@gmail.com
+243 971 414 704

Printed by Books on Demand GmbH, Norderstedt / Germany